# UNE RÉVÉLATION

# FINANCIÈRE

## PLUS D'IMPOTS NOUVEAUX

Suppression successive de tous les impôts anciens, moins un.

### BUDGET DE L'ÉTAT PORTÉ A 6 MILLIARDS

#### OU PLUTÔT ILLIMITÉ.

**Par un FOU (de Bretagne),**

AUTEUR DE HAUTES FOLIES SCIENTIFIQUES ET AUTRES.

Le produit de la circulation de son numéraire
est la seule richesse d'une nation. (MOI.)

Qui découvrit un nouveau monde ?
UN FOU qu'on raillait en tout lieu.
(BÉRANGER.)

**EN VENTE**

CHEZ LEDOYEN, ÉDITEUR, PALAIS-ROYAL, GALERIE D'ORLÉANS.

1862

# UNE RÉVÉLATION

# FINANCIÈRE

VANNES

IMPRIMERIE GUSTAVE DE LAMARZELLE.

# UNE RÉVÉLATION

# FINANCIÈRE

PAR

## UN FOU (DE BRETAGNE)

AUTEUR DE HAUTES FOLIES SCIENTIFIQUES ET AUTRES.

**EN VENTE**

LEDOYEN, ÉDITEUR, PALAIS-ROYAL, GALERIE D'ORLÉANS.

—

1862

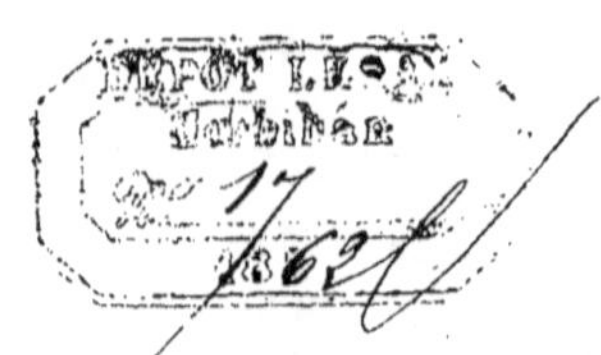

# UNE RÉVÉLATION
# FINANCIÈRE

## ÉNONCÉ DU PROBLÈME.

L'Etat perçoit, chaque année, environ 2 milliards à titre d'impôt. Or, en admettant le chiffre de 38 millions d'habitants, la moyenne que chacun paie est de 52 fr. 63 c.

Le numéraire total y compris les billets de banque est, en chiffres ronds de 10 milliards soit 263 fr. 15 c. par tête.

Comme sur cette somme de 263 fr. 15 c., nous payons à l'Etat 52 fr. 63 c., il ne reste plus à chacun que 210 fr. 52 c., ou 0 fr. 57 c. par jour.

Si à ces 0 fr. 57 c. par jour, net d'impôt, nous ajoutons les 0 fr. 13 c. de l'impôt, nous avons pour total 0 fr. 70 c. par jour.

Nous avions besoin d'établir ces chiffres pour que chacun comprenne bien, tout d'abord, à quelle faible pitance nous serions tous réduits si on partageait également le numéraire (rêve communiste), et si la circulation ne venait multiplier cette faible somme de 0 fr. 70 c.

Toute la richesse d'un pays n'est due qu'à la circulation du numéraire, circulation qui a pour effet d'en faire jouir chacun à son tour, sans pour cela lui enlever en rien de sa valeur.

En effet, une pièce de 5 fr., mise en circulation le 1er janvier, vaudra encore 5 fr. le 31 décembre, quand bien même elle aurait passé dans cent mains diverses.

Une pièce de 5 fr. qui passe d'une main dans une autre main, produit un bénéfice à celui qui la reçoit. Fixons ce bénéfice à 10 0/0. Or, si elle change dix fois de propriétaire, elle a donc produit dix fois 10 0/0 à dix personnes ; c'est-à-dire qu'elle a produit 5 fr. ou ce qu'elle vaut, et cela sans altérer sa valeur primitive, le seul effet de cette décuple circulation a donc été de donner un bénéfice de 10 0/0 ou 0 fr. 50 c. à dix personnes différentes.

Nous croyons qu'en établissant la dépense moyenne de la journée à 1 fr. 53 c. pour chaque français, nous ne pouvons être taxé d'exagération, surtout si l'on considère que l'impôt journalier est de 0 fr. 13 c., ce qui ne laisse plus que 1 fr. 40 c. pour satisfaire à toutes les autres dépenses, y compris les économies.

Il résulte de ceci : que les 10 milliards de numéraire existant au 1er janvier et existant encore au 31 décembre n'en ont pas moins fourni une somme de 23 milliards. C'est-à-dire que la circulation de 10 milliards a produit, dans un an, 23 milliards ou plus de deux fois sa valeur, et ce, sans s'altérer elle-même.

En considérant que chaque mutation produit en moyenne 10 0/0 en faveur de celui pour qui elle est faite, nous sommes amené à reconnaitre qu'il a fallu 23 mutations pour obtenir ce chiffre de 23 milliards.

Mais, comme nous n'avons point fait entrer dans les 1 fr. 53 c., dépense moyenne de chaque individu :

1° Le Budget de nos 500 villes, Budget qui ne peut être inférieur à un milliard.

2° Comme, d'un autre côté, quelques mutations n'emportent

pas toujours bénéfice; mais même entraînent des pertes, nous croyons, pour être dans le vrai, devoir ajouter 7 mutations de plus, soit en tout 30.

Sur un capital, produit de la circulation de 23 milliards, le budget de l'Etat en recevant 2, il résulte que la circulation rapporte à l'Etat $\frac{2}{23}$ ou environ 10 0/0; cette même circulation rapporte en plus $\frac{1}{23}$ ou 5 0/0 aux villes, et le reste est ce qui nous fait tous vivre.

Il est maintenant facile de comprendre dans quelle proportion l'Etat, les communes, les particuliers souffrent :

1° Quand par un motif quelconque le numéraire du pays se trouve diminué.

2° Quand par suite de craintes politiques, la marche d'une circulation régulière se trouve entravée.

Si le numéraire se trouve diminué de 100 millions, pendant un an, l'Etat, les communes, les particuliers subissent une réduction de 1/100°.

En second lieu, si par suite de craintes, le numéraire se cache et circule moins, c'est-à-dire que, si au lieu de 30 mutations, cours normal d'une année, il n'y en a que 29 ; la perte générale est de un milliard, dont 100 millions pour l'Etat et 50 pour les communes. Les 850 autres retombent sur tout le monde.

L'Etat et les communnes obvient à ces pertes par des emprunts, la masse y obvie en s'imposant des privations.

Il résulte donc, de ce que nous venons de dire et de démontrer, que le bien-être et la richesse de tous les citoyens comme du gouvernement ne dépendent que de deux choses :

La première, du numéraire que possède le pays ; la deuxième, d'une circulation active de ce numéraire puisque c'est à la circulation *seule* que tous, gouvernement et particuliers, nous devons nos moyens d'existence, notre bien-être.

Il résulte aussi, de cet aperçu que toute augmentation dans le numéraire augmente forcément les revenus de l'Etat, qu'il en est encore ainsi, toutes les fois que la circulation devient plus que normale, ces faits sont si constants que nous défions de nous trouver, une seule période où la circulation ait été active, sans que les recettes n'aient suivi cette même activité ; de même que toute lenteur dans la circulation entraîne toujours, avec elle, une diminution de recettes ; il ne peut en être autrement, puisque l'impôt frappe tout.

La question finance est si peu connue, même parmi les gens instruits, que presque tous vous disent avec aplomb : le budget du premier empire n'était que d'un milliard ; donc on était moins grevé qu'aujourd'hui, sans réfléchir que le numéraire de cette époque n'était que le 1/3 du numéraire actuel, que par suite le produit de la circulation était trois fois plus petit, il en résultait que ce qui restait à chacun, l'impôt payé, était beaucoup moin-- dre que ce qui reste aujourd'hui. Peu m'importe que je paie beaucoup, s'il me reste beaucoup ; mais, je paierai toujours trop, s'il me reste peu.

La prospérité matérielle d'un état tient tellement à un numé- raire considérable et à la circulation active de ce numéraire, que c'est à cette double cause, que l'Amérique voit ses déserts se peu-- pler comme par enchantement.

C'est aux mêmes causes que l'Angleterre doit de posséder l'empire commercial du monde entier.

Enfin, c'est au numéraire qui nous est venu de Californie que nous-mêmes, devons d'avoir pu construire pour 10 milliards de chemins de fer et faire toutes ces constructions, toutes ces usines qui ont depuis dix ans si complètement changé l'aspect de notre pays.

Nous ne comprenons donc pas, qu'on ait vu tant d'effets sans en comprendre la cause ; mais, ce que nous comprendrions encore moins, c'est qu'un gouvernement qui aurait bien saisi cet enchaînement si simple des faits et de leurs causes, ayant besoin d'argent s'amuse à en emprunter, ou ce qui est pire, à créer des impôts qui ont toujours pour résultat de le rendre impopulaire.

En effet, pourquoi le gouvernement emprunterait-il ; créerait-il de nouveaux impôts, puisqu'il peut se convaincre, de la manière la plus palpable, qu'il lui revient 10 0/0 de ce que produit la circulation du numéraire, que de plus, les communes bénéficient encore de 5 0/0.

Quand il a besoin d'argent, au lieu de recourir à des moyens pernicieux, qu'il augmente tout simplement la circulation du numéraire et non-seulement il y trouvera les millions dont il a besoin, mais encore chacun verra son propre bien-être s'accroître dans de notables proportions.

Il existe pour le gouvernement deux moyens d'augmenter *le produit* de la circulation du numéraire.

Le premier, c'est en prenant des mesures pour faire que nulle partie du numéraire ne reste improductive entre les mains des avares ou des ignorants ; mais comme ces mesures quoique justes porteraient atteinte à la liberté individuelle, nous ne croyons pas devoir nous y arrêter.

Le second moyen consiste à augmenter le numéraire. Nous allons faire nos efforts pour démontrer que rien ne serait plus facile au gouvernement français que d'augmenter ou de diminuer même le numéraire suivant les besoins.

Je crois n'avoir pas besoin de prouver que plus le numéraire est abondant, plus sa circulation est active ; car moins le commerce a de peine à se le procurer, moins il le paie cher et plus il l'emploie. Ce fait est si connu que nous croyons inutile d'insister à ce sujet ; mais nous avions besoin de l'indiquer, car il prouve que si le numéraire montait de 10 milliards à 11 milliards, cette augmentation loin de nuire à la circulation l'activerait.

Chaque milliard de numéraire produit annuellement, grâce à la circulation, environ trois milliards, sur lesquels le gouvernement touche trois cent millions, et les villes 150. Il reste, pour augmenter le bien-être général, 2,550,000,000.; il s'ensuit, que, toutes les fois que le numéraire sera augmenté d'un milliard, l'E-tat, les Communes verront augmenter leur bien-être dans les proportions que nous venons d'indiquer.

Il ne faut pas oublier que d'une part, le gouvernement doit de 9 à 10 milliards ; — que presque toutes les villes ont de lour-des dettes ; — que les particuliers eux-mêmes doivent plus de 20 milliards ; — que la moyenne pour vivre n'est que de 1,40 ; — que notre réseau du chemin de fer n'est point terminé ; — que l'Afrique, sol fécond s'il en fut, reste improductif faute d'argent.

Hé bien, toutes ces choses ne peuvent se faire qu'avec le pro-duit de la circulation du numéraire. L'argent produit l'argent, proverbe aussi vieux que peu compris.

Les Anglais le comprennent bien, eux qui, par suite de leur commerce sont arrivés à posséder un numéraire de vingt mil-liards. Aussi tous les Anglais seraient-ils riches si leur organisa-tion politique ne faisait de leurs Lords autant de rois ayant des fortunes fabuleuses, et d'autre part si l'ivrognerie n'était invétérée dans cette nation. Si l'Angleterre qui a une si grande liberté y joignait notre égalité et se défaisait du vice de l'ivrognerie, elle pourrait en 50 ans, avec un pareil numéraire, acheter et payer l'Europe.

Nous comptons 38 millions d'âmes et l'Angleterre n'en a que 24, encore pourrait-on en distraire l'Irlande, pays sans numé-raire.

Si nous avions un pareil numéraire avec les impôts anciens, non modifiés, l'Etat recevrait environ 6 milliards et les villes en toucheraient de 3 à 4 ; de plus chacun de nous aurait de 5 à 6 fr. à dépenser par jour. C'est alors que la France serait assez riche pour payer sa gloire ; c'est alors qu'elle pourrait étendre son influence protectrice et libérale sur le monde entier; soigner tous ses malades, assurer à tous une vieillesse tranquille et élever sa jeunesse ; — c'est alors que grâce à notre caractère national, Paris la ville des mille palais, deviendrait la capitale du monde entier où tous les peuples se donneraient la main, et alors deviendrait possible cette paix universelle que rêvent tous les hommes qui aiment l'humanité.

Mais il a fallu de longues années à l'Angleterre pour arriver à accumuler un pareil numéraire; il lui a fallu accaparer le commerce du monde presque tout entier et même forcer, par les armes, des nations à acheter même ses poisons; il lui a fallu enfin une volonté de bronze, n'ayant ni cœur ni âme, ne connaissant ni amis ni ennemis, ne cherchant partout qu'une chose : de l'or, et l'obtenant par tous les moyens. Or, en admettant que notre caractère national pût se ployer à une telle marche, il nous faudrait bien des années pour arriver à obtenir le même résultat.

Heureusement qu'il y a un moyen plus simple, plus court, et surtout plus honorable pour arriver au même but.

# SOLUTION DU PROBLÈME.

Le propriétaire d'un lingot d'or ou d'argent ayant, par exemple, une valeur de 120,000 fr., peut se rendre à la Monnaie et là, moyennant une faible remise, son lingot est monnayé ; par suite, il a rendu un important service à son pays, en augmentant le numéraire de circulation.

Il peut encore se rendre à la Banque de France, et obtenir toujours avec une remise, des billets de banque qui se trouvent garantis par le dépôt de son lingot dans les caves de la Banque ; mais cette fois il n'a point rendu de service à son pays : 1° Parce que son lingot reste improductif dans les caves de la Banque ; 2° Parce que les billets qu'on lui a remis n'ont point été créés pour ce lingot ; en d'autres termes, parce que la Banque n'a point augmenté, à cause de lui, son papier-monnaie.

Il y a donc une différence immense dans ces deux opérations qui semblent identiques ; car, dans le premier cas, il y a augmentation du numéraire par suite bénéfices permanents pour tous, tandis que dans le second il n'y a qu'une mutation, sans augmentation de numéraire, c'est-à-dire un bénéfice minime pour la Banque de France.

Si au lieu d'un lingot, on possède une propriété rurale d'une valeur réelle de 120,000 fr., affermée 4000 fr., on peut trouver par l'entremise d'un notaire une somme de 80,000 fr. à 5 0/0, plus les frais ; mais, comme les 80,000 fr., qu'on reçoit sont pris sur le numéraire général, ce numéraire ne s'est pas augmenté il n'a fait que changer de main, c'est-à-dire une mutation profitable au capitaliste, au notaire, au gouvernement.

Si on peut blâmer le propriétaire du lingot de n'avoir point augmenté le numéraire et par suite le bien-être général, on ne peut adresser le même reproche au propriétaire d'une ferme, car, comme le premier il n'a pas le choix entre la Monnaie et la Banque de France. Le crédit foncier ne donne pas plus que le notaire d'avantages généraux.

Si l'Etat, ou ce qui vaudrait mieux encore, les Compagnies de chemins de fer ; — la Banque ; — le Comptoir d'escomptes ; — les Crédits mobiliers et fonciers réunis pour ce fait, sous la surveillance de l'Etat pouvaient faire pour lui, ce que la Monnaie fait pour le propriétaire du lingot d'or ; une fois qu'il serait bien constaté que sa propriété vaut 120,000 et est louée 4000 fr.; alors on lui remettrait pour 80,000 fr., de billets garantis par cette même propriété, *mais créés pour elle* et portant intérêt à 2 0/0, intérêts garantis par une partie de la location versée, à cet effet, aux mains de la compagnie créatrice et responsable.

Ces billets auraient une durée de 20 ans, mais seraient toujours remboursables, en tout ou en partie, par l'emprunteur, qui voulant rembourser n'aurait qu'à déposer à la caisse centrale. Cette dernière, lors du paiement des intérêts retirerait de la circulation les billets soldés.

Les billets retirés seraient anéantis conformément à la loi.

Dans cette combinaison, l'avantage fait au propriétaire est immense, surtout si on le compare avec ce qui a lieu lorsqu'on prend de l'argent chez le notaire.

La propriété vaut 120,000 fr., mais elle n'est louée que 4000 fr. Or, 80,000 fr. à 5 0/0 donnant 4000 fr., on n'est plus propriétaire que de nom ; on a de plus à payer les frais du notaire, ceux du gouvernement et de plus à subvenir aux réparations et pertes diverses, dans le second cas, comme dans le premier, on touche 80,000 fr., mais on est toujours propriétaire effectif puisqu'on reçoit encore annuellement 2,400 fr., on a de plus la faculté de se libérer par fractions.

Dans le premier cas, l'Etat touche un droit qui est, je crois, de 6 0/0 soit sur 80,000 fr., 4,200 une fois donnés. Tandis que dans le second, le numéraire étant augmenté de 80,000 fr., le produit de la circulation générale se trouverait annuellement augmenté de 240,000 fr. Or, comme l'Etat touche 10 0/0 de cette production il lui reviendrait 24,000 fr., ou la valeur de la propriété tous les 4 ans.

Dans le premier cas, la masse ainsi que les villes ne retirent rien de cet emprunt fait chez le notaire ; dans le second, les communes trouvent un bénéfice annuel de 12,000 fr., et le bien-être général s'en trouve augmenté de 204,000 fr.

Cette combinaison, tout en donnant de l'argent à 2 0/0 à l'Agriculture, serait le coup de mort du communisme, ne lui laissant plus de raison d'être.

Cette combinaison est donc utile aux propriétaires ; — à l'Etat ; — aux communes ; au bien-être général ; tandis que la marche suivie aujourd'hui conduisant les agriculteurs à leur ruine, est nuisible à tous.

Les nouveaux billets, créés par toutes les grandes compagnies, acceptés par elles et par l'Etat, étant au su et vu de tout le monde garantis par une propriété sérieuse, seraient certainement fort recherchés ; car deux mois avant le paiement sémestriel, ils rapporteraient 6 0/0 et un mois avant 12 0/0.

Ce serait comme les billets de banque de bon et véritable numéraire ; de plus, comme ces billets au bout de leur échéance ne devraient pas être renouvelables, les propriétaires auraient tout avantage à les rembourser progressivement ; ce rembour-

sement combiné avec les deux époques de l'année où ils donneraient un fort intérêt, suffirait-il de reste à en faire de l'argent
comptant.

L'Agriculture étant de la plus haute importance, nous a paru
devoir jouir la première de l'avantage d'être transformée en
numéraire. Mais à son défaut, ou plutôt conjointement avec elle,
on pourrait en faire, et de très-bon, avec les obligations de chemins de fer, et avec celles des villes. Au reste, le principe étant
adopté, rien ne sera facile comme de passer à son exécution;
et c'est alors que l'on pourra discuter, avec fruit, la part que
l'on devra faire, soit à l'agriculture soit à l'industrie. Passons.

Nous l'avons dit : et nous allons le prouver, que la question
finance est si peu connue que bien des gens ne voient pas la différence qui existe en ce qu'une barrique de vin soit vendue à
Paris ou à Londres ; ou s'ils en voient une, elle consiste à croire
qu'il est plus avantageux que la pièce de vin soit vendue à Paris
plutôt qu'à Londres. Cependant il n'en est pas ainsi, car le vin
vendu à Paris est payé avec du numéraire français, c'est-à-dire ne
prouve qu'une mutation insignifiante ; tandis que vendu à Londres, il est payé avec du numéraire anglais, lequel vient augmenter le nôtre d'autant, augmentation qui contribue au bien-
être général, et augmente les recettes de l'Etat et des communes
dans les proportions indiquées plus haut.

Si nous comprenions bien nos intérêts, nous vendrions le plus
possible de nos denrées aux étrangers, en ayant le soin de ne
prendre des leurs que dans les cas extrêmes ; en agissant ainsi,
nous augmenterions notre numéraire et par suite notre bien-
être ; nous ferions preuve d'intelligence.

Nous sommes nés malins, c'est entendu, il ne s'agit plus que de
ne pas continuer à faire de la malice à nos dépens, soit en cou-
rant sus aux produits Anglais, lors même qu'ils ne valent pas les

nôtres, et quand même il y aurait égalité ; car, chaque fois que nous le faisons, nous nuisons au bien-être général. Nous pourrions bien aussi nous priver d'acheter chaque année pour une centaine de millions de guano, puisque nous avons le bonheur de posséder chez nous, des mines *du meilleur engrais* et assez abondantes pour cultiver l'Europe (1).

C'est peut-être très-drôle de gaspiller ainsi notre numéraire, de payer notre malice, comme nous payons notre gloire (bravo pour la gloire) ; mais à coup sûr ce n'est pas prouver que *le bon sens* soit nécessaire à l'esprit, en admettant que cette malice soit spirituelle, ce que je nie.

La circulation du numéraire est tellement la vie d'une nation, que je ne crains pas d'affirmer que les avares qui détiennent des années une partie de numéraire, commettent un crime de lèse-humanité.

Je suppose deux hommes, le premier est un avare qui pendant dix ans a enfoui vingt mille francs ; le second a fait, lui, pour vingt mille francs de fausse monnaie, et cela, avec tant de talent que son crime n'a été soupçonné qu'au bout de dix ans.

Voyons maintenant quel a été le résultat de ces deux opérations, au point de vue de la Société.

L'avare en empêchant la circulation de vingt mille francs, pendant dix ans, a diminué de 600,000 fr., le produit de la circulation du numéraire. Il a donc fait perdre 60,000 fr. de revenus à l'Etat, 30,000 fr. aux communes et 510,000 fr. au bien-être

---

(1) Si parmi les sages qui liront cette brochure il s'en trouve un qui veuille les exploiter avec moi, je lui donne ma parole de fou, de le faire dix fois millionnaire en dix ans et moins. (M'écrire à mon nom de guerre (Bonnerie) chez mon éditeur.

général. On punit, et on fait bien, l'homme qui coupe sa récolte sur pied ; mais on ne dit rien à l'avare, je me trompe, on le loue, c'est un homme d'ordre, c'est un sage. Moi, il est vrai que je suis fou, j'affirme que c'est un perturbateur de la pire espèce, un âne ou un coquin.

Le second, le fabricant de fausse monnaie, ayant augmenté pendant dix ans le numéraire de vingt mille francs, a par ce même fait augmenté la production de la circulation de 600,000 fr., a fait bénéficier l'Etat de 60,000 fr., les villes de 30,000 et nous tous de 510,000 fr. Il est vrai qu'au moment du quart-d'heure de Rabelais il y a une perte sèche de 20,000 fr., que par suite il n'a donné que 580,000 fr. Ce don, lui faisait autrefois couper la tête, c'était dur ; aujourd'hui, on se contente de l'envoyer au bagne pour toute sa vie, il a payé sa pension d'avance.

Il ne faudrait pas croire, tout fou que je suis, que je trouve qu'on ait tort de punir ce brave fabricant de pièces fausses, quel que soit du reste son talent. On a d'autant plus raison que je ne sache rien d'immoral, comme d'admettre : *que la fin justifie les moyens*. Rien ne peut justifier le mal, sans cela il n'y aurait crime si grand qui ne pût être justifié. Le mal se pardonne, mais ne se justifie pas.

Je n'ai fait cette comparaison que pour faire ressortir, de la manière la plus palpitante, combien sont coupables ceux qui, achetant sans nécessité des produits étrangers, diminuent, de gaîté de cœur, le numéraire de leur pays.

Mais, me dira-t-on, si vous augmentez le numéraire vous en diminuez la valeur, et la preuve, c'est qu'il y a vingt ans, la viande valait trois fois moins qu'aujourd'hui.

Il y a vingt ans, la France produisait trois fois moins de viande qu'aujourd'hui, elle devrait donc valoir trois fois moins, elle vaut trois fois plus ; *ergo*, le numéraire a moins de valeur. Voilà pourtant comme presque tous raisonnent; voir même Jules Favre que je trouve plein de logique, *le plus* souvent, mais que je trouve fort illogique dans la question des loyers.

Si la viande est trois fois plus abondante qu'il y a vingt ans ; et coûte, malgré cela, trois fois plus cher, c'est tout bonnement parce qu'il y a trois fois plus de personnes qui ont le moyen d'en manger.

Depuis vingt ans, la découverte de la Californie a tellement accru notre numéraire, que le produit de sa circulation ayant suivi naturellement la même progression, il en est résulté que le nombre des personnes pouvant manger de la viande, a crû plus vite que les produits agricoles. De là seul, vient la cherté.

Lorsque la viande ne valait que deux sous la livre, les hautes classes seules en pouvaient manger ; — quand elle a valu six sous, la bourgeoisie à son tour a pu se la permettre. Aujourd'hui qu'elle vaut trois fois plus , une portion, déjà considérable, de la classe ouvrière peut s'en procurer et le jour où elle vaudra le double, c'est que, ce jour là, tout le monde aura le moyen d'en acheter au moins trois fois par semaine.

Au reste, le prix de la viande ne prendra un cours raisonnable que lorsque l'agriculture *pourra suivre la progression du bien-être*. L'agriculture ne s'improvise pas comme une fabrique. Il faut des années pour faire d'une lande une plaine fertile.

Nous devons donc nous attendre à voir diminuer encore les produits de fabrique ; mais aussi, à voir augmenter les articles qui ne s'improvisent pas, tels que la viande, le vin, les loyers, etc., toutes les fois que le bien-être augmentera, jusqu'à ce que le temps ait permis d'en obtenir des quantités assez considérables pour correspondre à l'aisance générale. Et alors, ces produits,

comme les produits de manufacture, suivront une période dé-
croissante.

On ne saurait donc trop faire pour l'agriculture, au lieu de
suivre l'industrie, elle la devrait toujours précéder.

FIN DE LA PREMIÈRE PARTIE.

# DIX ANS PLUS TARD.

—◇◇◇—

Combien de temps une pensée,  
Vierge obscure, attend un époux ?  
*Les sots* la traitent d'insensée,  
*Le sage* lui dit : Cachez-vous.

Ainsi, d'après Béranger, les sages sont conservateurs, toute lumière les effraie.

« Plus une découverte est simple, plus les résultats en seront
» grands, et plus son auteur a de peine à la faire admettre, non-
» seulement par le vulgaire, mais surtout par les hommes de
» science. »

Arago, à la suite de ces lignes, cite une foule d'exemples qui viennent malheureusement démontrer combien il a raison.

Ainsi, d'après Arago, les hommes de la science sont conservateurs, et, comme les sages, ils disent au progrès : Cache-toi !

S'il fallait écouter et le poëte et le mathématicien, ce qu'il y aurait de mieux à faire serait de s'abstenir ; mais, voilà un philosophe, Guépin de Nantes, qui dit :

« On ne doit reculer ni devant le sourire des sots, ni devant
» l'inertie des hommes officiels. Les uns sont impuissants, les
» autres dorment toujours. »

Le fait est, que ce n'est ni aux uns, ni aux autres que le monde doit de dévorer la route avec des chevaux d'airain ; — d'enlever un rayon au soleil pour en obtenir la reproduction de la nature ; — de voguer en ligne droite vers le port contre vent et marée ; — etc., etc.

Toutes ces grandes choses sont dues à Salomon de Caux, à Stephenson, à Daguer, à Fulton, autant de braves gens que leurs contemporains, sots ou sages, ont traités de fous.

Puisqu'il est bien entendu que si d'une part, toute idée grande et généreuse doit attirer à son auteur la qualification de fou (il y a dix ans qu'on me l'a donnée pour la première fois, et ce, pour avoir voulu doter mon pays d'un chemin de fer que tous veulent aujourd'hui), on doit constater, d'autre part, que cette idée finit toujours par percer, et ce, au grand profit de l'humanité.

Laissons donc rire les sots et dormir les sages, les uns comme les autres ne sont-ils pas destinés à la mort ; qu'avons-nous besoin d'honneurs pendant notre vie, nous autres pauvres fous qui seuls, *sur cette terre*, jouissons de l'immortalité.

Il n'est pas en France, un homme instruit qui sache, même à peu près, le nom des sénateurs du premier Empire ; même le nom des pairs de France du règne de Louis Philippe, qui ne date cependant que d'hier. Mais, qui ignore, en Europe, ceux des Archimède, des Galilée, des Gutemberg, des Newton, des Pascal et de cent autres fous morts il y a des siècles.

Puisque l'avenir est pour nous, travaillons donc pour l'avenir.

Nous ne mangeons pas la terre, mais bien les moissons qu'elle nous donne ; les moissons elles-mêmes, ne sont que la transmission des semences que nous avons confiées au sol, lesquelles se sont emparées des sucs nourriciers qu'il renferme. Aussi, le cultivateur est-il obligé, chaque année, de fumer ses terres, sous peine de les voir devenir improductives par suite d'épuisement ;

il résulte de ce fait que, quoique les moissons se succèdent, elles ne peuvent cependant nous donner l'idée de ce que les savants appellent, en mécanique, le mouvement perpétuel.

Nous ne mangeons pas non plus le numéraire, mais bien le produit que donne sa circulation. Mais le numéraire n'est point comme la terre, il peut produire beaucoup sans s'altérer, et sans diminuer de valeur, ainsi que nous l'avons vu dans la première partie. Or, comme nous ne vivons qu'à l'aide de cette production, nous pouvons affirmer que nous ne vivons qu'à l'aide du mouvement perpétuel financier ; puisque, par mouvement perpétuel, en mécanique, on entend une force produisant une force plus grande qu'elle. Cinq francs changeant trente fois de mains dans une année, valent encore cinq francs et en ont produit quinze.

Je connais un certain M. Louis que la camaraderie des grands et petits journaux pose en homme de génie et qui n'est qu'un homme de talent, ce qui est loin d'être la même chose, qui croit avoir tout prouvé quand il vous a dit :

« Le mouvement perpétuel est impossible, attendu qu'on ne fait *rien avec rien.* »

Il est bien vrai qu'une pièce de cinq francs n'est pas rien, puisqu'elle se compose de 25 grammes d'argent, mais une fois faite elle n'augmente ni ne diminue de poids ni de valeur, soit qu'on la laisse dans un tiroir, soit qu'elle soit passée dans le commerce. Dans le premier cas, elle fait l'office d'un caillou, dans le second elle produit constamment.

Le numéraire de la France existant au 1$^{er}$ janvier a encore la même valeur au 31 décembre, il a cependant produit quelque chose, puisqu'il nous a tous fait vivre.

En fait, le pays possédait 10 milliards de numéraire le 1$^{er}$ janvier ; du 1$^{er}$ janvier au 31 décembre, le pays a dépensé de 25 à 30 milliards et le 31 décembre le pays possédait encore 10 milliards de numéraire.

Il est donc faux de dire qu'avec rien on ne fait rien puisque, par la circulation, le numéraire, sans changer de valeur, produit. En considérant le numéraire comme une force, on voit qu'on a pour résultat une force qui produit sans se dépenser. En augmentant cette force, on augmentera nécessairement ses produits et ce, sans danger, puisque la force elle-même ne se peut dépenser.

Ce fait deviendra évident pour tous, quand on aura fait du numéraire avec des champs, attendu que les champs n'en produiront pas moins, en tant que champs, ce qui n'enlèvera rien à leur production comme numéraire.

On comprendra alors que le numéraire n'est qu'un signe représentatif qui, sans valeur par lui-même, produit cependant beaucoup, par le seul fait de la circulation.

Mirès disant à ses juges que le traité de commerce ne serait avantageux à la France que quand nous aurions un numéraire abondant, a dit une bien grande vérité. Pourquoi ne le pas rendre abondant, puisque c'est si facile?

En physique, j'ai constaté que la force ne change pas lorsqu'on fait agir la pression atmosphérique *à l'état libre :* c'est-à-dire qu'il ne faut pas dépenser plus de force, pour obliger cette pression à monter, *à jet continu,* du plomb à mille mètres, que pour le monter à dix mètres.

Voilà une vérité bien simple, dont les applications supprimeront l'esclave humain pour le remplacer par l'esclave mécanique ; mais je veux cesser d'être fou et devenir sage, s'il faut moins de 20 ans aux savants pour essuyer leurs lunettes de façon à les rendre assez claires pour pouvoir apercevoir un tel soleil.

Il y a quelque dix ans que j'ai prouvé qu'on pouvait monter

l'eau à toute hauteur, au moyen du vide, rien de plus logique et de plus simple ; cependant ce n'est que l'année dernière (26 avril 1864) que M. Babinet, de l'Institut, en a donné la démonstration au cercle agricole. Il a donné cela comme une primeur scientifique, en oubliant, bien entendu, de citer le jardinier qui l'avait cultivée. Au reste, c'est toujours une primeur, car on enseigne toujours le contraire.

Dix ans après qu'on aura doublé le numéraire on aura forcément obtenu des produits assez considérables pour que l'Etat puisse payer ses dettes et faire tous les grands travaux agricoles nécessaires à doubler les denrées alimentaires, et c'est même par là qu'il faut commencer.

Pendant la même période, les villes se seront libérées. Le budget de l'Etat, n'ayant plus à fournir qu'aux besoins ordinaires, se chargera du budget des villes et l'on pourra alors supprimer les octrois qui sont d'un poïds si lourd pour les classes ouvrières.

Les classes ouvrières auront vu leur bien-être s'accroître d'une façon si remarquable, que les octrois supprimés elles, s'occuperont assez peu de voir diminuer ou supprimer les impôts restant ; ce ne seront donc pas elles qui pousseront alors le Gouvernement à les supprimer, il y viendra de lui-même poussé par la logique des faits. La prospérité croissant sans cesse, les grands travaux de l'Etat étant faits, son budget sera toujours en excédant ; pour rétablir l'équilibre il sera obligé de faire le contraire de ce qu'il fait depuis le commencement des siècles : il diminuera le nombre des impôts, et ces suppressions successives arriveront, au bout de bien peu d'années, à n'en plus laisser debout qu'un ou deux.

Arrivé là, le Gouvernement verra s'il ne doit même pas faire disparaître ces derniers vestiges de l'ancien mode de faire et ne pas lui substituer un mode d'assurance générale, EMBRASSANT TOUT. On paierait son assurance, c'est vrai, mais aussi grâce à elle on serait garanti contre toutes pertes matérielles et on serait de plus assuré d'une retraite convenable pour ses vieux jours.

Voilà ce qui arrivera dix ans après, mais quand commenceront ces dix ans, voilà cher lecteur ce que je ne puis te dire ; mais ce que je puis te garantir, c'est qu'ils commenceront, car toute vérité finit toujours par percer ; pour moi, cela m'est égal, mais pour l'humanité je désire que cela soit demain.

FIN DE LA SECONDE PARTIE.

# VINGT ANS APRÈS.

— ◇ —

Dans nos cerveaux ardents s'élabore la vie,
Nous songeons une gloire immense à la patrie ;
Nous attachons une âme à la chose qui dort.
Tous les jours maintenant c'est une autre victoire,
Une source meilleure où l'univers vient boire
Toute pleine de fleurs et d'or.

Mon Dieu, oui, cher lecteur, grâce aux fous, un jour viendra qui amènera l'âge d'or ; il reste, me diras-tu, bien du chemin à faire ; mais vois ce qu'ils ont fait : Grâce à l'Imprimerie, la pensée, reproduite des milliers de fois, peut aller d'un bout du monde à l'autre éclairer le travailleur ; — grâce à la Vapeur, les peuples peuvent fraterniser, celui qui a trop porte à celui qui a trop peu ; quelque dix jours suffisent aujourd'hui pour nous apporter d'Odessa le grain qui nous manque, et la hideuse famine se voit obligée de reculer ; — grâce à l'Electricité, les rois comme des dieux peuvent commander dans mille endroits divers, et un père, en quelques minutes, peut savoir des nouvelles de son fils malade à cent lieues de lui. Je ne puis te dire, ami lecteur, tout ce que l'humanité doit aux fous ; au reste, toutes les merveilles que tu vois viennent d'eux.

Il y a deux siècles à peine on les brûlait encore, que dis-je, il n'y a pas cinquante ans qu'on a brûlé Jacquart (en effigie) sur les places de Lyon.

Aujourd'hui, on ne nous brûle plus, même en effigie, mais on se moque de nous tant que nous sommes vivants; mais cela ne nous effleure même pas, et rien ne nous empêchera de coups d'épaule en coups d'épaule, de pousser le monde vers le but pour lequel Dieu l'a créé :

LA JOUISSANCE DE SES BIENFAITS.

L'homme ne doit pas toujours être une machine; il faudra bien que de découvertes en découvertes, nous arrivions à ce que l'esclave mécanique remplace l'esclave humain, afin de permettre à l'homme de penser, ce qu'il ne peut faire quand une lourde journée d'un labeur pénible a fatigué la matière, cette dernière alors a trop besoin de repos, pour permettre le travail de l'esprit. Dieu a donné l'intelligence à l'homme pour lui permettre de dominer la matière, et la forcer d'agir pour lui. L'homme cessera d'être la machine, il n'en sera plus que le conducteur, ce qui ne l'empêchera nullement de penser; car alors son corps ne sera plus fatigué outre mesure.

C'est tellement la volonté de Dieu, qu'il a mis à notre portée une force immense, la pression atmosphérique, quand nous saurons bien nous en servir, le service de l'esclave mécanique commencera sur une échelle que ne nous laisse même pas soupçonner la vapeur.

D'autres fous viendront qui anéantiront ou diminueront, du moins, nos souffrances physiques, et je puis t'apprendre, ami lecteur, que si tu as à voyager, et si tu es sujet au mal de mer, tu n'as qu'à t'adresser au docteur de l'Ile-Dieu, savant modeste qui est assez fou pour travailler depuis plusieurs années à faire *un fauteuil* disposé de telle sorte que la personne assise dedans n'a nullement à souffrir du mal de mer.

Pauvre cher fou va, qui mange un argent qui te coûte si cher pour soulager des gens qui ne sauront ton nom que dans cent ans. Enfin, je te ferais bien de beaux sermons, si j'espérais te guérir ; mais comme cette folie qui nous pousse tous, tant que nous sommes, est tellement incurable, que le bûcher a dû reculer et s'avouer vaincu, j'aime mieux parler d'autres choses.

Quand la folie au sujet du numéraire sera passée à l'état de sagesse, c'est-à-dire de fait accompli, il en résultera tant de bien-être matériel, que tous les braillards qui demandent l'instruction obligatoire seront obligés de se taire, par la raison que le bien-être emporte toujours avec lui l'instruction, impossible sans lui ; car, pour s'instruire, il faut dépenser du temps : or, pour dépenser du temps, il faut en avoir le moyen. Le bien-être a considérablement crû en France depuis vingt ans ; est-ce que l'instruction n'a pas suivi la même proportion ?

Quand le bien-être sera général, il en sera de même de l'instruction. L'un avant l'autre est un rêve creux.

Avec l'instruction générale, viendra le règne de la justice intégrale, et comme les masses sont ordinairement justes (quand elles comprennent, bien entendu, et quand elles seront instruites elles comprendront), elles se diront : au bout du compte, les fous sont non-seulement les prophètes de l'avenir, mais encore ils le préparent, il est donc juste de leur faire une part au soleil, et l'on verra alors les fous mêlés aux sages dans toutes les assemblées qui sont le résultat de la volonté des majorités.

Or, comme des contrastes naît l'harmonie, il est certain que tout n'en ira que plus vite et que la Nation et le Gouvernement y gagneront ; car les fous ne seront jamais assez sages pour être des hommes de partis. Eux qui sacrifient tout pour faire avancer l'humanité, n'iront jamais s'opposer à un progrès pour plaire à telle ou telle coterie. Ils seront les hommes de leur pays d'abord, de l'humanité ensuite.

Si tu es sage, ami lecteur, tu dois te dire que jamais les masses ne nommeront de fou ; hé bien, c'est ce qui te trompe, j'avais déjà été traité de fou par les sages de mon endroit, pour cinq ou six motifs différents, quand le peuple de ma ville m'a donné pas mal de centaines de voix pour le représenter au Corps-Législatif, il est vrai que je suis d'une ville où tout le monde est sorcier, dit-on (1).

Or, s'il y a cinq ans un tel fait s'est produit, il n'est pas douteux qu'il donnera des résultats complets quand, par l'Instruction, le peuple tout entier saura ce que valent ceux que les sages traitent de fous.

Le bien-être général amènera des conséquences morales de la plus haute portée ; car combien de désunions dans les familles ne proviennent que de la gêne, que de la misère.

Or, je ne sache rien de plus regrettable qu'une famille où il y des enfants et dont les chefs, le père et la mère, sont mal ensemble. Chez le peuple, cette désunion amène toujours des injures. Or, des enfants qui entendent leurs parents s'injurier, finissent souvent par les mépriser tous les deux, et dans tous les cas, le respect s'en va. De là vient la dissolution de la famille.

La famille étant la base de la société, espérons que cette dernière trouvera le moyen d'obvier à de tels faits quand la suppression de la misère en aura considérablement réduit le nombre.

_____

(1) La campagne n'a pas voté pour moi, mais en 1849, elle n'avait pas voté pour un excellent homme, aujourd'hui sénateur, par le motif qu'il avait vendu les pommes de terre au diable, pour connaître le sort de sa mère qui venait de mourir. (Ce fait est historique.)

Le combat du *Monitor* nous prouve que l'espérance que nous avions que la science finira bientôt par rendre impossible les luttes de peuple à peuple, ne tardera pas à se réaliser.

Le jour où la science en sera arrivée là, sera un jour de fête pour toute l'humanité, qui a été créée, non pour se détruire, mais bien pour s'aimer.

Deux mots, et j'ai fini.

Beaucoup de gens crient contre le Gouvernement au sujet des embellissements de Paris. Hé bien, dis-toi bien, ami lecteur, que ces gens-là sont des gens à courte vue ; Paris doit devenir le centre où se rencontreront tous les peuples, et à cause de cela, il ne saurait être trop beau, trop attrayant. Au reste, si au point de vue financier il coûte cher, il ne faut pas oublier qu'il est une pompe aspirante, déversant journellement des millions de numéraire étranger et, par consequent, de bien-être à tous. Aussi, si Sa Majesté l'Empereur, n'était pas au-dessus de tous les compliments, même au-dessus de ceux d'un fou, je lui dirais : Sire, vous faites là une grande et belle chose que les myopes seuls ne voient pas.

FIN.

www.ingramcontent.com/pod-product-compliance
Lightning Source LLC
LaVergne TN
LVHW010432060726
842526LV00005B/1757